LA CONTABILITA' GENERALE

GENERALE

Principi fondamentali

di

Marco Castella

ISBN-13: 978-1542959322
ISBN-10: 1542959322

SOMMARIO

Introduzione

Cara lettrice, caro lettore

Ti ringrazio per aver acquistato *"La Contabilità Generale. Principi Fondamentali"*.

L'obiettivo principale è quello di accompagnarti nella acquisizione dei concetti fondamentali che sono alla base della contabilità aziendale, ed in particolare della Contabilità Generale secondo il metodo della Partita Doppia.

Per raggiungere questo obiettivo, il percorso parte da due concetti fondamentali attorno ai quali ruota tutta la gestione aziendale: il **patrimonio** e il **reddito**.

Per imparare a tenere la contabilità in Partita Doppia è fondamentale distinguere quali sono le componenti del patrimonio e quali del reddito per poter applicare le regole utili al fine di registrare i cambiamenti (**le variazioni**) che avvengono nel corso di un periodo amministrativo (esercizio). Infatti, sia il reddito che il patrimonio, proprio per effetto della gestione aziendale, subiscono delle variazioni durante l'anno contabile.

Tenere la contabilità significa registrare secondo particolari regole di forma e sintassi le variazioni che avvengono nei **valori aziendali** che riguardano costi e ricavi, crediti e debiti, entrate e uscite.

Appresa la differenza tra patrimonio e reddito passeremo alle regole fondamentali per effettuare le registrazioni contabili nei **valori finanziari** e nei **valori economici**.

Infine affronteremo il concetto della **competenza economica**: un principio importante per effettuare le registrazioni di fine esercizio e preparare i dati di bilancio. Il manuale si conclude con alcuni **cenni su la chiusura e riapertura dei conti**.

Se alla fine di questa lettura sarai soddisfatta/o di questo manuale e desideri continuare con il mio aiuto ad approfondire le registrazioni in Partita Doppia ti consiglio *"La Partita Doppia: manualetto rapido"*.

Pronti a partire?

Buona lettura, buono studio e buon lavoro!

Patrimonio e Reddito

Ogni azienda per il proprio funzionamento ha bisogno di un **patrimonio**. La gestione dell'azienda produce un risultato di gestione (**reddito d'esercizio**) che può essere positivo (utile d'esercizio) o negativo (perdita d'esercizio). La vita dell'impresa è suddivisa in periodi amministrativi, di solito della durata di un anno solare, detti **Esercizi**. Il Reddito è suddiviso per esercizi mentre il patrimonio è una fotografia dell'azienda nel suo complesso, dalla nascita al momento attuale (è la storia dell'azienda).

Cos'è il patrimonio?

Il **patrimonio** è l'insieme degli elementi che danno valore all'azienda e che servono per svolgere l'attività economica. Fanno parte del patrimonio i Fabbricati, i macchinari, i crediti, il denaro liquido. Questi sono **elementi Attivi** (detti anche Impieghi).

Il patrimonio, però, comprende anche **elementi Passivi** (Fonti di Finanziamento): debiti verso fornitori, debiti verso banche, debiti verso lo Stato ecc..

Il totale degli elementi Attivi è il **patrimonio lordo**.

La differenza tra il totale degli elementi attivi e il totale degli elementi passivi è il **patrimonio netto (PN)**.

Esempio di situazione del patrimonio

I nomi dei valori sono inseriti solo a titolo di esempio; possono variare a seconda del tipo di attività.

ATTIVITA'		PASSIV. + P.N.	
Terreni	180	Debiti verso Banche	100
Fabbricati	120	Mutui passivi	230
Impianti	80	Debiti verso Fornitori	30
Macchinari	20	Cambiali passive	40
Automezzi	25	**Totale Passività**	400
Materie prime	35		
Prodotti finiti	40	Patrimonio Netto	200
Crediti verso Clienti	60		
Cambiali attive	10		
Banca c/c	20		
Denaro in cassa	10		
Totale Attività	600	**Totale Pass.+ P.N.**	600

L'equazione che si deve verificare nel patrimonio:
Totale Attività = Totale Passività + P.N.

Perché? Il motivo di questa equazione risiede in una domanda. L'azienda dove ha preso il denaro per "coprire", finanziare, le proprie attività (impieghi)? Gli investimenti dell'azienda devono essere necessariamente finanziati da qualcuno. Nelle passività troviamo la risposta: le fonti di finanziamento possono essere di capitale proprio (PN), pertanto denaro proprio, oppure di capitale di terzi, pertanto denaro in prestito (debiti). La somma di PN + Debiti (Passività) è pertanto uguale al valore delle attività. Sono due facce della stessa medaglia: in altre parole i beni a disposizione dell'azienda per lo svolgimento dell'attività economica sono in stretta connessione con le fonti di finanziamento che ne hanno consentito l'acquisizione (capitale proprio oppure capitale di terzi).

Al momento della redazione della Situazione del Patrimonio (Stato Patrimoniale) è necessario chiedersi:

1) Qual è il patrimonio dell'azienda? Quanto è ricca?
2) Di quali beni dispone l'azienda?
3) Quanti debiti ha l'azienda?
4) Quanto denaro ha a disposizione l'azienda?

Quanto è ricca l'azienda? Qual è il patrimonio?

La ricchezza dell'azienda non è rappresentata dalle Attività o dai beni o dal denaro a sua disposizione in un dato momento, bensì dal valore del **Patrimonio netto** (**capitale proprio**) riportato nella colonna destra della situazione patrimoniale (passivo). Nel nostro esempio il Patrimonio netto è di € 200,00.

Il **capitale proprio** è un calcolo "astratto": scaturisce da una semplice somma aritmetica e non può essere di conseguenza considerato come un preciso importo in contanti; quindi non è possibile prelevare e spendere tale cifra facente parte integrante delle Attività aziendali.

Di quali beni dispone l'azienda?

I beni dei quali dispone l'azienda possono essere rappresentati da investimenti che si prevede resteranno vincolati all'azienda per un lungo tempo (Immobilizzazioni) oppure investimenti che permangono nell'azienda per un breve arco di tempo (Attivo Circolante). Nel primo caso parliamo di **Immobilizzazioni**. Possono essere immobilizzazioni materiali come Fabbricati, Impianti e Macchinari, Automezzi oppure immateriali come Marchi, Brevetti, Software.

L'Attivo Circolante invece è il complesso degli investimenti che permangono nell'azienda per un breve arco di tempo, in quanto, essendo destinati ad un rapido impiego produttivo o ad essere prontamente venduti o riscossi, ritornano in forma monetaria in tempi brevi. Nell'ambito dell'attivo circolante abbiamo Rimanenze, Liquidità immediate, Liquidità differite

Le **Rimanenze** sono impieghi in attesa di utilizzo per la produzione o per la vendita. Esempi: Materie prime, prodotti finiti.

Le **Liquidità immediate** sono le disponibilità immediate di denaro in Banca e in Cassa.

Le **liquidità differite** sono attività non liquide in attesa di essere trasformate in denaro liquido (crediti verso clienti, Cambiali attive).

Nel nostro esempio i beni a disposizione dell'azienda ammontano a 570

Terreni	180
Fabbricati	120
Impianti	80
Macchinari	20
Automezzi	25
Materie prime	35
Prodotti finiti	40
Crediti verso clienti	60
Cambiali attive	10
TOTALE	**570**

Terreni, Fabbricati, Impianti, Macchinari, Automezzi sono immobilizzazioni materiali. Materie Prime, Prodotti finiti sono Rimanenze di Attivo Circolante. Crediti e cambiati attive sono liquidità differite di Attivo Circolante.

Quanti di questi beni sono acquistati con debiti? Quanti debiti ha l'azienda?

I debiti (capitale di terzi) li troviamo nella colonna destra (Passività). Nel nostro esempio l'azienda ha 400 pertanto gli impieghi (attività) sono finanziati per 200 con capitale proprio e 400 con capitale di terzi.

Debiti verso banche	100
Mutui passivi	230
Debiti verso fornitori	30
Cambiali passive	40
TOTALE	**400**

Quanto denaro ha a disposizione l'azienda?

Le disponibilità immediate di denaro (liquidità immediate) ammontano a 30 e fanno parte dell'Attivo Circolante.

Banca c/c	20
Denaro in cassa	10
TOTALE	**30**

Cos'è il reddito?

In Economia Aziendale il **reddito è la variazione che il capitale di una azienda subisce in seguito alle operazioni aziendali compiute in un determinato periodo di tempo.**

Le operazioni aziendali che comportano una riduzione della ricchezza sono chiamate **Costi** (elementi negativi di reddito). L'azienda sostiene costi per comprare i materiali o i servizi che le servono per la produzione.

Le operazioni aziendali che apportano maggiore ricchezza vengono chiamate **Ricavi** (elementi positivi di reddito). L'azienda ottiene ricavi dalla vendita di prodotti o dalla prestazione di servizi.

+Costi → -Ricchezza

+Ricavi → +Ricchezza

Esistono tuttavia costi che non comportano automaticamente un impoverimento dell'azienda, di conseguenza non possono essere registrati all'interno del Reddito ma vengono registrati nel Patrimonio: sono i **costi patrimoniali** (pluriennali) per l'acquisto di beni strumentali come un'automobile, un macchinario, un investimento in impianti.

I nomi dei valori sono inseriti solo a titolo di esempio; possono variare a seconda del tipo di attività.

COSTI		RICAVI	
Acq. materie prime	70	Interessi attivi	4
Acq. materie consumo	10	Vendite di prodotti	200
Fitti passivi	3		
Amm.to fabbricati	15		
Amm.to impianti	12		
Amm.to arredi	16		
Totale Costi	126		
Utile d'esercizio	78		
Totale a pareggio	204	**Totale Ricavi**	204

Utile d'esercizio è dato dalla differenza tra Totale Ricavi – Totale Costi (204-126 = 78).

Il Totale a pareggio è la verifica della quadratura: sommando l'utile d'esercizio al Totale Costi otteniamo lo stesso importo del Totale Ricavi.

Costi pluriennali (Patrimonio)

I costi pluriennali sono costi riferiti a fattori produttivi utilizzati in più esercizi. Sono i costi sostenuti per acquistare Immobilizzazioni materiali o immateriali quali immobili, automezzi, mobili e arredi, attrezzature, macchine d'ufficio, oltre che i costi di impianto (avvio dell'impresa). I costi pluriennali vengono iscritti nell'Attivo della situazione del patrimonio.

Contabilmente, nel momento in cui effettuiamo un investimento in Immobilizzazioni non cambiamo i totali del Patrimonio in quanto sostituiamo il denaro con un macchinario. In questo modo l'azienda non si impoverisce ma cambia tra le attività semplicemente il tipo di investimento (-Banca e +Macchinario).

Tali costi devono essere ripartiti tra i diversi esercizi nei quali i fattori vengono utilizzati. Il procedimento che permette tale suddivisione prende il nome di **Ammortamento.** I costi pluriennali incidono sul reddito d'esercizio riducendolo solo nella misura della relativa quota di ammortamento annuale.

Dagli schemi precedenti ricaviamo le **prime considerazioni fondamentali**:

1. nella tabella del patrimonio, le **Attività** sono nella colonna (sezione) di **Sinistra**, le **Passività** nella colonna (sezione) di **Destra**
2. nella tabella del reddito i **Costi** sono nella colonna (sezione) di **Sinistra**, i **Ricavi** nella colonna (sezione) di **Destra**.
3. In Partita Doppia la colonna di sinistra prende il nome di sezione **DARE,** la colonna di destra prende il nome sezione di **AVERE**

Perché queste regole? Sono convenzioni!

	Sezione DARE	Sezione AVERE
	ATTIVITA'	**PASSIVITA'**
PATRIMONIO	Terreni e Fabbricati	Debiti v/Banche
	Impianti	Mutui passivi
	Macchinari	Debiti v/fornitori
	Automezzi	Cambiali passive
	Materie Prime	Patrimonio netto
	Prodotti finiti	
	Crediti v/clienti	
	Cambiali attive	
	Banca c/c	
	Denaro in cassa	
	COSTI	**RICAVI**
REDDITO	Acq. Materie prime	Vendite di prodotti
	Acq. Materie consumo	Interessi attivi
	Fitti passivi	
	Amm.to fabbricati	
	Amm.to impianti	
	Amm.to arredi	

I valori aziendali

Distinguiamo i valori aziendali in due gruppi:
1) valori **finanziari (patrimonio)**
2) valori **economici (patrimonio o reddito)**

I valori **finanziari** sono espressi in moneta, non devono essere valutati. Sono valori finanziari:
- denaro in cassa, in banca o in posta (attività);
- valori bollati presenti in cassa (attività);
- i crediti (attività);
- i debiti (attività);
- i ratei attivi (attività) e passivi (passività)

I valori **economici** non sono espressi immediatamente in moneta; sono frutto di una valutazione. Ad esempio un automezzo, un fabbricato, le materie prime acquistate sono oggetto di una valutazione per determinarne il prezzo. C'è alla base un accordo su quale prezzo (valore numerico) attribuire ad un bene o a un servizio.

I valori **economici**, e di conseguenza le variazioni economiche, sono di due tipi:
1) **di reddito**: costi e ricavi d'esercizio
2) **di patrimonio**: costi pluriennali e patrimonio netto

Facciamo alcuni esempi:
l'acquisto di materie prime per la lavorazione è un valore economico di reddito (costo). L'acquisto di un macchinario utile per la produzione è un valore economico di patrimonio (costo pluriennale, attivo).
L'apporto di denaro da parte dell'imprenditore o dei soci per costituire o ampliare l'impresa è un valore economico di patrimonio netto.

Cosa significa tenere la contabilità?

Tenere la contabilità di una azienda significa **rilevare** (riconoscere e registrare) **i fatti esterni di gestione** e **annotare le variazioni** che avvengono nei valori del patrimonio e/o del reddito.
Nella vita di un'azienda avvengono continuamente acquisti, vendite, pagamenti, incassi, versamenti in banca e prelievi, pagamento imposte. Queste azioni le definiamo come **Fatti di gestione**. Ogni fatto di gestione provoca delle **variazioni,** in aumento o in diminuzione, **nei valori** del **patrimonio** o del **reddito** dell'azienda.

I classici fatti esterni di gestione:
- **acquisto** di fattori produttivi: rileviamo un costo e un debito;
- **pagamento**: chiudiamo il debito e registriamo una uscita di denaro;
- **vendita** di prodotti/servizi: rileviamo un ricavo e un credito;
- **incasso**: chiudiamo il credito e registriamo una entrata di denaro;

- **versamento** di denaro contante in banca: registriamo una entrata di denaro in banca.

Acquisto = Costo → Debito → Uscita di denaro
Vendita = Ricavo → Credito → Entrata di denaro

Queste annotazioni le scriviamo seguendo particolari **regole di forma e sintassi.** Alcune di queste regole sono imposte dalle leggi, altre sono nate per uso convenzionale.

Possiamo pertanto dire che **la Contabilità è un linguaggio per descrivere i fatti che modificano l'azienda dal punto di vista del patrimonio e del reddito.**
Attraverso questo linguaggio produciamo delle **registrazioni** contabili, dette anche **scritture contabili.**
Le registrazioni poggiano su documenti originari che comprovano i fatti di gestione e che costituiscono le pezze di appoggio (in gergo pezze giustificative).

Esempi di documenti originari:
- le fatture e ricevute fiscali;
- le note di accredito e addebito;
- le parcelle di consulenti e professionisti;
- gli assegni, i bonifici, le ricevute bancarie;
- gli estratti conto bancari.

Le rilevazioni contabili si articolano in:
1. rilevazioni elementari
2. contabilità sezionali
3. contabili generale

Le rilevazioni elementari

Le **rilevazioni elementari** servono di preparazione per la contabilità generale. Riguardano singoli aspetti come ad esempio la gestione dello scadenzario per tenere sotto controllo gli incassi dai clienti e i pagamenti ai fornitori; oppure la registrazione delle entrate e uscite di cassa.

Le contabilità sezionali

Le **contabilità sezionali** sono un insieme coordinato di scritture, collegate alla contabilità generale che hanno per oggetto l'analisi di singole classi di operazioni. Sono esempi di contabilità sezionali: la contabilità con le banche, la contabilità delle immobilizzazioni strumentali, la contabilità degli acquisti, delle vendite, del magazzino, del personale.

La contabilità Generale

La contabilità generale è un insieme di scritture contabili tra loro coordinate riguardanti l'intero complesso dei valori finanziari ed economici generati dai fatti di gestione. La contabilità generale ha per oggetto la sistematica rilevazione dei **fatti esterni di gestione** allo scopo di determinare il **risultato d'esercizio** e il **patrimonio di funzionamento.**

Il Conto

Il conto è una serie ordinata di scritture relative ad un determinato oggetto (un valore aziendale) che ha per scopo quello di seguirne le variazioni. Per ciascun valore aziendale del quale vogliamo monitorare le variazioni dobbiamo ad esso intestare un conto.

Se un conto è intestato ad un oggetto che rappresenta un valore finanziario il conto in questione è un **conto finanziario**. Se è intestato ad un oggetto che rappresenta un valore economico il conto in questione è un **conto economico**. Abbiamo trattato nelle pagine precedenti la differenza tra valore finanziario e valore economico.

Ogni conto è inserito nel quadro generale del reddito (situazione economica) o del patrimonio (situazione patrimoniale) visti in precedenza.

I conti vengono rappresentati nel seguente modo: **Nome del conto** e **due sezioni** (DARE e AVERE) nelle quali vengono scritti i valori delle variazioni attive e passive, per i conti finanziari, oppure negative e positive per i conti economici.

Nome del Conto	
DARE	**AVERE**
valori	valori
Totale D	Totale A

Questa rappresentazione prende anche il nome di "**mastrino**". Il mastrino è utilissimo per rappresentare graficamente i conti in modo dettagliato. E' come fare uno "zoom" su ogni singolo conto contenuto nella situazione economica o patrimoniale e vederne il dettaglio dei movimenti, delle variazioni.

Ogni conto ha un totale per la sezione DARE e un totale per la sezione AVERE. La differenza tra i due totali prende il nome di Saldo (o Eccedenza).

Regole fondamentali sulle variazioni nei valori

Definiamo **variazione finanziaria** la variazione che riguarda un conto (valore) finanziario. Tale variazione può avere segno positivo o negativo. Se ha segno positivo parliamo di **Variazione Finanziaria Attiva (V.F.A.)**. Nel caso di segno negativo parliamo di **Variazione Finanziaria Passiva (V.F.P.)**. Le variazioni finanziarie sono variazioni che riguardano il Patrimonio.

Definiamo **variazione economica** la variazione che interessa un conto (valore) economico. Tale variazione può avere segno positivo o negativo. Se ha segno positivo parliamo di **Variazione Economica Positiva (V.E.P.)**. Nel caso di segno negativo parliamo di **Variazione Economica Negativa (V.E.N.)**. Le variazioni economiche possono riguardare sia il patrimonio che il reddito.

1. Lavoriamo su **un quadro** diviso in due sezioni (colonna di sinistra e destra) e in quattro riquadri (come lo schema sottostante).
2. Le **V.F.A.** e le **V.E.N.** si scrivono a **sinistra** (DARE), colonna delle Attività (Patrimonio) e anche colonna dei Costi (Reddito)
3. Le **V.F.P.** e le **V.E.P.** si scrivono a **destra** (AVERE), colonna delle Passività (Patrimonio) e anche colonna dei Ricavi (Reddito).
4. Le V.E.N. e le V.E.P. possono essere di patrimonio o di reddito.

		DARE		AVERE
Patrimonio	1	V.F.A.	2	V.F.P.
		V.E.N.		V.E.P.
Reddito	3	V.E.N.	4	V.E.P.

5. Gli importi delle variazioni vengono scritti sempre con valore assoluto (segno +). Non inseriamo numeri con segno negativo. *Vedi di seguito esempi di incasso fattura (crediti) o pagamento fattura (debiti).*
6. Il totale delle due sezioni (colonne) deve "quadrare", vale a dire deve essere uguale.

DARE e AVERE

Riportando le Variazioni Finanziare e le Variazioni Economiche in un unico schema otteniamo che le V.F.A. e le V.E.N. sono nella colonna (sezione) di sinistra mentre le V.F.P. e le V.E.P. sono nella colonna (sezione) di destra.

Nella tenuta della contabilità generale secondo il metodo della Partita Doppia la colonna di sinistra si chiama DARE mentre quella di destra AVERE.

	Sezione DARE	Sezione AVERE
	V.F.A./V.E.N.	V.F.P./V.E.P.
Patrimonio	+Crediti	+Debiti
	+Entrate	+Uscite
	-Debiti	-Crediti
	-Patrim.Netto	+Patrim.Netto
Reddito	V.E.N.	V.E.P.
	+Costi	+Ricavi
	-Ricavi	-Costi

Per quanto riguarda i **valori finanziari** In DARE registriamo le Variazioni Finanziarie Attive (V.F.A. +Crediti, +Entrate, -Debiti). In AVERE registriamo le Variazioni Finanziarie Passive (V.F.P. +Debiti, +Uscite, - Crediti).

Per quanto riguarda i **valori economici** (sia di reddito che di patrimonio) in DARE registriamo le Variazioni Economiche Negative (V.E.N. +Costi, -Ricavi). In AVERE registriamo le Variazioni Economiche Positive (V.E.P. +Ricavi, -Costi).

Può sorgere l'esigenza di rettificare un valore economico già registrato (-Costi oppure -Ricavi) ad esempio per attribuire la giusta competenza (v. capitolo su competenza economica).

Di seguito vediamo nel dettaglio come applicare le regole sulle variazioni.

Applicazione delle regole sulle Variazioni

Le variazioni nei valori finanziari

I **valori (conti) finanziari** possono subire Variazioni Finanziare Attive (V.F.A.) oppure Variazioni Finanziarie Passive (V.F.P.). **Sono variazioni che avvengono nel patrimonio.**

Una **V.F.A.** può essere una **Entrata** di denaro in Cassa o in Banca, la **nascita** di un **Credito** in seguito all'emissione di una fattura o anche il **pagamento** di un **Debito**.

Una **V.F.P.** può essere una **Uscita** di denaro dalla Cassa o dalla Banca, la **nascita** di un **Debito** in seguito ad una fattura ricevuta o anche l'**incasso** di un **Credito**.

Al momento dell'emissione della fattura di vendita nasce un Credito verso il cliente, aumentano i Crediti (+Crediti).

Il **Credito** che nasce è una V.F.A. (+Crediti). Il credito incassato invece è una V.F.P. in quanto il credito non esiste più, è stato chiuso. Questo viene interpretato come un fatto Passivo: sono diminuiti i crediti (-Crediti).

Per un **Credito** che si chiude (V.F.P. -Crediti) c'è una contropartita corrispondente: una entrata in banca o in cassa (V.F.A. +Entrate), oppure la compensazione con un Debito (V.F.A. -Debiti).

Ad un **-Crediti** pertanto può corrispondere un **+Entrate** o un **-Debiti** (compensazione tra credito e debito).

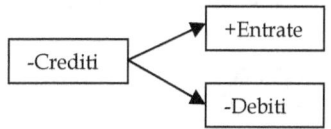

Al momento della ricezione di una fattura di acquisto nasce un debito verso il fornitore, aumentano i Debiti (V.F.P. +Debiti).

Il **Debito** che viene pagato è una V.F.A. perché quella parte di debito non c'è più, pertanto questo fatto viene interpretato come un qualcosa di positivo: diminuiscono i debiti (-Debiti).

Per un **Debito** che si chiude (V.F.A. -Debiti) c'è una contropartita corrispondente: una uscita di banca o di cassa (V.F.P. +Uscite) o la compensazione con un Credito (V.F.P. -Crediti).

Ad un **-Debiti** pertanto può corrispondere un **+Uscite** o un **-Crediti** (compensazione tra credito e debito).

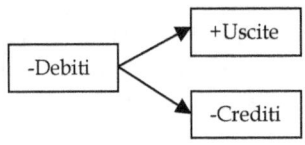

Esempio di Debito

Fabio ha prestato € 100,00 a Luisa, pertanto Luisa ha un debito verso Fabio.

Luisa ha una entrata nella sua Cassa di € 100,00. Pertanto segna una V.F.A. (DARE) +Entrate di € 100,00. Dobbiamo chiederci da dove arriva questo denaro? Arriva da Fabio. Luisa allora deve anche annotare il Debito che dovrà poi restituire a Fabio registrando una V.F.P. (AVERE) +Debiti di € 100,00.

Nel quadro generale il fatto di gestione viene scritto, raccontato, nel seguente modo.

	V.F.A (DARE)	V.F.P. (AVERE
Patrimonio	+Entrate 100,00	+Debiti 100,00
	V.E.N. (DARE)	V.E.P. (AVERE)
Reddito		

Questo fatto di gestione ha prodotto un movimento di tipo unicamente patrimoniale (finanziario): non ci sono variazioni nel Reddito ma solo nel Patrimonio.

Luisa paga il debito.

Luisa registra una Uscita dalla sua Cassa di € 100,00. Pertanto segna una V.F.P. (AVERE) +Uscite di € 100,00. Dobbiamo chiederci perché questa uscita? Per il pagamento a Fabio. Luisa allora deve anche annotare che il Debito verso Fabio non esiste più, è stato chiuso con una V.F.A. (DARE) -Debiti.

Per Luisa diminuiscono i Debiti (V.F.A. -Debiti) ma aumentano le Uscite (V.F.P. +Uscite).

	V.F.A. (DARE)	V.F.P. (AVERE)
Patrimonio	- Debiti 100,00	+Uscite 100,00
	V.E.N. (DARE)	V.E.P. (AVERE)
Reddito		

Anche in questo caso le variazioni sono unicamente di tipo patrimoniale (finanziario).

Il Debito di Luisa verso Fabio lo troviamo una volta nella colonna AVERE (V.F.P. +Debiti) per un importo di €100,00 (quando nasce) e una volta nella colonna DARE (V.F.A. - Debiti) per un importo di € 100,00 (quando viene estinto). Quest'ultima annotazione comunica che il Debito è chiuso, non esiste più.

Esempio di Credito

Vediamo l'esempio precedente dal punto di vista del credito. *Fabio ha prestato € 100,00 a Luisa, pertanto Fabio ha un credito verso Luisa.*

Fabio registra una Uscita dalla sua Cassa di € 100,00. Pertanto segna una V.F.P. (AVERE) +Uscite di € 100,00. Fabio deve chiedersi: dove è finito questo denaro? E' andato nelle tasche di Luisa. Fabio allora deve anche annotare il Credito che dovrà poi recuperare da Luisa; registra pertanto una V.F.A. (DARE) +Crediti di € 100,00.

Nel quadro generale il fatto di gestione viene scritto, raccontato, nel seguente modo.

	V.F.A (DARE)	V.F.P. (AVERE)
Patrimonio	+Crediti 100,00	+Uscite 100,00
	V.E.N. (DARE)	V.E.P. (AVERE)
Reddito		

Questo fatto di gestione ha prodotto un movimento di tipo unicamente patrimoniale (finanziario): non ci sono variazioni nel Reddito ma solo nel Patrimonio.

Visto che Luisa ha pagato, Fabio ottiene la restituzione del credito.

Fabio registra una Entrata nella sua Cassa di € 100,00. Pertanto segna una V.F.A. (DARE) +Entrate di € 100,00. Dobbiamo chiederci perché questa entrata? Per l'incasso ottenuto da Luisa. Fabio allora deve anche annotare che il Credito verso Luisa non esiste più, è stato chiuso con una V.F.P. (AVERE) -Crediti.
Per Fabio diminuiscono i Crediti (V.F.P. -Crediti) ma aumentano le Entrate (V.F.A. +Entrate).

	V.F.A. (DARE)	V.F.P. (AVERE)
Patrimonio	+Entrate 100,00	-Crediti 100,00
	V.E.N. (DARE)	V.E.P. (AVERE)
Reddito		

Anche in questo caso le variazioni sono unicamente di tipo patrimoniale (finanziario).

Esempio compensazione Credito e Debito

Riprendiamo gli esempi precedenti relativi al Debito di Luisa verso Fabio. *Ma Luisa ha anche un Credito di € 20,00 nei confronti di Fabio per un prestito a suo favore. Luisa paga a Fabio la differenza, vale a dire € 80,00.*

Nella contabilità di Luisa avvengono, in tempi successivi, le seguenti registrazioni:

1) **nascita del Debito per il prestito ricevuto da Fabio**

	V.F.A (DARE)	V.F.P. (AVERE
Patrimonio	+Entrate 100,00	+Debiti 100,00
	V.E.N. (DARE)	V.E.P. (AVERE)
Reddito		

2) **nascita del Credito per il prestito concesso a Fabio**

	V.F.A (DARE)	V.F.P. (AVERE)
Patrimonio	+Crediti 20,00	+Uscite 20,00
	V.E.N. (DARE)	V.E.P. (AVERE)
Reddito		

3) **compensazione Debito-Credito e Uscita**

	V.F.A (DARE)	V.F.P. (AVERE
Patrimonio	-Debiti 100,00	+Uscite 80,00
		-Crediti 20,00
	V.E.N. (DARE)	V.E.P. (AVERE)
Reddito		

Nell'ultima registrazione il debito di Luisa è diminuito di € 100,00 (V.F.A. -Debiti). Il credito verso Fabio è diminuito di € 20,00, non esiste più (V.F.P. -Crediti). Le Uscite di Luisa sono aumentate di €80,00 (V.F.P. +Uscite). Sommando 20 + 80 otteniamo 100 (il totale del Debito). Il totale delle due colonne quadra. Il Debito di Luisa è stato pagato, in parte con un'uscita di denaro in parte sfruttando (compensando) il credito che aveva verso Fabio.

Nella contabilità di Fabio avvengono, in tempi successivi, le seguenti registrazioni:

1) nascita del Debito per il prestito ricevuto da Luisa

Patrimonio	V.F.A (DARE)	V.F.P. (AVERE
	+Entrate 20,00	+Debiti 20,00
Reddito	V.E.N. (DARE)	V.E.P. (AVERE)

2) nascita del

Credito per il prestito concesso a Luisa

Patrimonio	V.F.A (DARE)	V.F.P. (AVERE)
	+Crediti 100,00	+Uscite 100,00
Reddito	V.E.N. (DARE)	V.E.P. (AVERE)

3) compensazione

Credito-Debito e Entrata

Patrimonio	V.F.A (DARE)	V.F.P. (AVERE
	-Debiti 20,00 +Entrate 80,00	-Crediti 100,00
Reddito	V.E.N. (DARE)	V.E.P. (AVERE)

Nella contabilità di Fabio la situazione è speculare rispetto a quella di Luisa. Nell'ultima registrazione il debito di Fabio è diminuito di € 80,00 (V.F.A. -Debiti). Il credito verso Luisa è diminuito di € 100,00, non esiste più (V.F.P. - Crediti). Le Entrate di Fabio sono aumentate di € 80,00 (V.F.A. +Entrate). Sommando 20 + 80 otteniamo 100 (il totale del Credito). Il totale delle due colonne quadra. Il Credito di Fabio è stato incassato, in parte con un'entrata di denaro e in parte sfruttando (compensando) il debito che aveva verso Luisa.

Riassumendo le Variazioni Finanziarie:

Un valore finanziario subisce una **V.F.A.** nei seguenti casi:
- nascita di un Credito (+Crediti);
- entrata di denaro (+Entrate);
- chiusura di un Debito (-Debiti).

Un valore finanziario subisce una **V.F.P.** nei seguenti casi:
- nascita di un Debito (+Debiti);
- uscita di denaro (+Uscite);
- chiusura di un Credito (-Crediti).

Conto Finanziario

V.F.A.	V.F.P.
+Crediti	-Crediti
+Entrate	+Uscite
-Debiti	+Debiti

Le variazioni nei valori economici di reddito

I **valori economici**, siano essi di reddito o di patrimonio, possono subire Variazioni Economiche Negative (V.E.N.). oppure Variazioni Economiche Positive (V.E.P.). **Sono variazioni che avvengono nel Reddito o nel Patrimonio.**

Una **V.E.N.** di Reddito può essere un acquisto di merci o di un servizio (Costo), oppure la diminuzione (rettifica) di un valore economico precedentemente segnato come positivo (-Ricavi). Quando riceviamo una fattura di un acquisto, oltre alla nascita del Debito, registriamo anche un Costo.

Esempio: acquistiamo € 100,00 (ipotizziamo senza calcolo IVA).

Nel patrimonio registriamo un aumento di Debiti (V.F.P. +Debiti). Nel reddito registriamo un aumento di Costi (V.E.N. +Costi).

	V.F.A. (DARE)	V.F.P. (AVERE)
Patrimonio		+Debiti 100,00
	V.EN. (DARE)	**V.E.P. (AVERE)**
Reddito	+Costi 100,00	

Una **V.E.P.** di Reddito può essere una vendita di merci o una prestazione di servizi (Ricavo), oppure la diminuzione di un valore economico precedentemente segnato come negativo (-Costi).

Esempio: vendiamo € 150,00 (ipotizziamo senza calcolo IVA).

Nel patrimonio registriamo un aumento di Crediti (V.F.A. +Crediti). Nel reddito registriamo un aumento di Ricavi (V.E.P. +Ricavi).

	V.F.A. (DARE)	V.F.P. (AVERE)
Patrimonio	+Crediti 150,00	
	V.EN. (DARE)	V.E.P. (AVERE)
Reddito		+Ricavi 150,00

Facendo una situazione riassuntiva, in questo caso otteniamo il seguente schema:

	V.F.A. (DARE)	V.F.P. (AVERE)
Patrimonio	Crediti 150,00	Debiti 100,00
	V.EN. (DARE)	V.E.P. (AVERE)
Reddito	Costi 100,00	+Ricavi 150,00
Totale	350,00	350,00

Le variazioni nei valori economici di patrimonio

Le **V.E.N.** di **Patrimonio** riguardano:
-   costi per investimenti in fattori produttivi a medio/lungo ciclo di utilizzo come l'acquisto di Fabbricati, Automezzi, Macchinari;
-   diminuzioni di Patrimonio netto;
-   **costi sospesi**, in precedenza già rilevati nei conti economici d'esercizio ma da essi stornati (rettificati) in quanto di competenza dell'esercizio successivo e quindi rinviati al futuro. Sono ad esempio le merci, le materie prime, i prodotti finiti rimasti a magazzino alla fine dell'esercizio, i risconti attivi.

Esempio di investimento in fattori produttivi a medio/lungo ciclo di utilizzo

	V.F.A./V.EN. (DARE)	V.F.P. (AVERE)
Patrimonio	+Automezzi 10000,00	+Debiti 10000,00
	V.EN. (DARE)	V.E.P. (AVERE)
Reddito		

Abbiamo registrato una V.E.N. (DARE) +Costi per acquisto Automezzo di 10.000,00. E' una variazione inserita nel Patrimonio in quanto l'Automezzo è utile per più anni e non sarebbe corretto inserirlo nel Reddito di un solo anno.

Le **V.E.P. di Patrimonio** riguardano:
- aumenti di patrimonio netto;
- **ricavi sospesi**, in precedenza già rilevati nei conti economici d'esercizio ma da essi stornati (rettificati) in quanto di competenza dell'esercizio successivo e quindi rinviati al futuro. Sono ad esempio i risconti passivi

l'argomento **costi e ricavi sospesi** viene trattato in modo più approfondito nel capitolo sulla competenza economica (ratei e risconti).

Riassumendo le Variazioni Economiche:

Un valore economico subisce una **V.E.N.** nei seguenti casi:
- registrazione di un Costo (+Costi);
- diminuzione, rettifica, di un Ricavo (-Ricavi).

Un valore economico subisce una **V.E.P.** nei seguenti casi:
- registrazione di un Ricavo (+Ricavi);
- diminuzione, rettifica, di un Costo (-Costi).

Conto Economico

V.E.N.	V.E.P.
-Patrimonio netto	+Patrimonio netto
+Costi	+Ricavi
-Ricavi	-Costi

Analisi e registrazione di alcuni fatti di gestione

Nella vita di un'azienda avvengono continuamente acquisti, vendite, pagamenti, incassi, versamenti in banca e prelievi, pagamento imposte. Queste azioni le definiamo come **Fatti di gestione**. Osserviamo i fatti di gestione sotto due aspetti:

1) **Aspetto originario** rileva sempre una variazione finanziaria.

2) **Aspetto derivato** rileva una variazione finanziaria di segno opposto alla precedente o una variazione economica, oppure entrambe.

Alcuni esempi per chiarire i concetti visti fino a questo momento. Per semplicità, negli esempi seguenti non consideriamo il calcolo dell'IVA.

Esempio n. 1 Versamento di denaro in banca

Fatto di gestione: Abbiamo € 500,00 in cassa e li portiamo in banca.

Aspetto originario: rileviamo un aumento di denaro sul conto corrente bancario.

Aspetto derivato: perché c'è stato questo aumento di denaro in banca? Abbiamo avuto una uscita di denaro dalla cassa.

In questo caso l'aspetto derivato consiste in una variazione finanziaria di segno opposto a quella dell'aspetto originario.

	Sezione DARE	Sezione AVERE
Patrimonio	V.F.A. Banca +Entrate 500,00	V.F.P. Cassa +Uscite 500
Reddito	V.E.N.	V.E.P.
	Tot. Colonna 500,00	Tot. Colonna 500,00

Il prelievo di denaro dalla banca con il versamento in cassa funziona allo stesso modo, con le variazioni invertite.

Esempio n. 2 – Acquisto merci

Fatto di gestione: Acquistiamo merce per € 500,00. Pagamento a 30 giorni.

Aspetto originario: dobbiamo individuare subito la variazione finanziaria. In questo caso abbiamo un aumento di **Debiti verso fornitori** per € 500,00, quindi una V.F.P. +Debiti.

Aspetto derivato: al momento non abbiamo altre variazioni finanziare (ipotizziamo non ci sia l'IVA). Abbiamo quindi un aspetto economico che chiamiamo **Acquisto Merci** (o Merci c/acquisti) che subisce una V.E.N. +Costi.

	Sezione DARE	Sezione AVERE
Patrimonio	V.F.A.	V.F.P. Fornitori +Debiti 500,00
Reddito	V.E.N. Acquisto merci +Costi 500,00	V.E.P.
	Tot. Colonna 500,00	Tot. Colonna 500,00

Esempio n. 3 – Pagamento fattura di acquisto

Fatto di gestione: Paghiamo € 500,00 del Debito v/fornitori dell'esempio precedente. Il pagamento avviene metà in denaro contante e metà tramite assegno bancario.

Aspetto originario: abbiamo una V.F.P. nei Crediti in quanto riscontriamo una diminuzione dei Crediti v/clienti pari al totale € 800,00.

Aspetto derivato: in questo caso abbiamo due V.F.P., una per l'uscita di denaro dalla Cassa e l'altra per aver trasformato una parte del debito v/fornitori in un Assegno (+Uscite dalla Banca).

	Sezione DARE	Sezione AVERE
Patrimonio	V.F.A. Fornitori -Debiti 500,00	V.F.P. Cassa + Uscite 250,00 Banca +Uscite 250,00
Reddito	V.E.N.	V.E.P.
	Tot. Colonna 500,00	Tot. Colonna 500,00

Esempio n. 4 – Vendita merci

Fatto di gestione: Vendiamo merce per € 800,00. Pagamento a 30 giorni.

Aspetto originario: dobbiamo individuare subito la variazione finanziaria. In questo caso abbiamo un aumento dei Crediti verso clienti per € 800,00, quindi una VFA.

Aspetto derivato: al momento non abbiamo altre variazioni finanziare (ipotizziamo non ci sia l'IVA). Abbiamo quindi un aspetto economico che chiamiamo Vendita Merci (o Merci c/vendite).

	Sezione DARE	Sezione AVERE
Patrimonio	V.F.A. Clienti +Crediti 800,00	V.F.P.
Reddito	V.E.N.	V.E.P. Merci +Ricavi 800,00
	Tot. Colonna 800,00	Tot. Colonna 800,00

Esempio n. 5 - Incasso fattura di vendita

Fatto di gestione: Incassiamo € 800,00 del Credito v/clienti dell'esempio precedente. L'incasso avviene metà in denaro contante e metà tramite bonifico bancario.

Aspetto originario: abbiamo una V.F.P. nei Crediti in quanto riscontriamo una diminuzione dei Crediti v/clienti pari al totale € 800,00.

Aspetto derivato: in questo caso abbiamo due VFA, una per l'entrata di denaro in Cassa e l'altra per la Banca

	Sezione DARE	Sezione AVERE
Patrimonio	V.F.A. Cassa +Entrate 400,00 Banca +Entrate 400,00	V.F.P. Clienti -Crediti 400,00
Reddito	V.E.N.	V.E.P.
	Tot. Colonna 800,00	Tot. Colonna 800,00

La competenza economica

La vita dell'impresa è suddivisa in periodi amministrativi, di solito della durata di un anno solare, detti **Esercizi**.

Durante l'esercizio registriamo i costi e i ricavi nel momento in cui viene ricevuta la fattura (costi) o emessa la fattura (ricavi) oppure sulla base di altre pezze giustificative (note di credito). Però, **per quanto riguarda il Reddito** alcuni Costi e Ricavi già registrati possono risultare a cavallo tra due o più esercizi. Dobbiamo dare la giusta competenza a questi costi e ricavi. Dare la giusta competenza significa effettuare delle variazioni nel Reddito e nel Patrimonio in modo da ottenere, per i costi/ricavi a cavallo tra due esercizi, il valore economico effettivamente sfruttato nell'esercizio in corso (vediamo di seguito alcuni esempi).

Per quanto riguarda il Patrimonio i costi pluriennali sostenuti per investimenti in beni strumentali (automezzi, macchinari, ecc) devono essere sottoposti ad ammortamento.

L'ammortamento è un procedimento economico-contabile avente per oggetto i beni a fecondità ripetuta, ossia quei beni strumentali che cedono la loro utilità economica in più esercizi. Con l'ammortamento prendiamo una parte di costo pluriennale dal patrimonio e la inseriamo nel reddito (costi d'esercizio).

Casi di Costi e Ricavi a cavallo tra due esercizi

1) **pagato** un **costo** nell'esercizio n per un bene/servizio che ci serve fino ad un determinato mese dell'esercizio $n+1$.

   Esempi classici sono: assicurazione di un'auto, affitti pagati in anticipo, noleggi, ecc...

2) **incassato** un **ricavo** nell'esercizio n relativo ad un servizio che dobbiamo eseguire fino ad un determinato mese dell'esercizio $n+1$.

Esempi classici sono: contratti di fornitura di servizi, di consulenza, affitti attivi incassati in anticipo, ecc...

3) **pagheremo** un costo nell'esercizio $n+1$ ma abbiamo già iniziato a sfruttare il bene o servizio in un determinato mese dell'esercizio attuale n.

4) **incasseremo** un ricavo nell'esercizio $n+1$ ma abbiamo già iniziato a fornire il bene o servizio in un determinato mese dell'esercizio n.

5) **acquistiamo merci** nell'esercizio n ma una parte di esse non viene utilizzata o venduta e verrà pertanto utilizzata nell'esercizio $n+1$.

Nei casi 1) e 2) Abbiamo avuto sia la manifestazione finanziaria (uscita o entrata) che quella economica (costo o ricavo) nell'esercizio in corso.

Al 31/12 dell'esercizio in corso dobbiamo pertanto **rettificare** il valore del costo o del ricavo per dare la giusta competenza, togliendo la parte di non competenza. **La parte di non competenza** così non viene conteggiata nei costi o ricavi dell'esercizio attuale; **resta sospesa**, verrà computata nei costi o ricavi del prossimo esercizio.

Il nome di questo valore sospeso è **Risconto**.
- Se è un Risconto relativo ad un costo (rettifica di un costo) allora si chiamerà Risconto Attivo
- Se è un Risconto relativo ad un ricavo (rettifica di ricavo) allora si chiamerà Risconto Passivo.

Nei casi **3)** e **4)** avremo un pagamento di un costo o l'incasso di un ricavo nell'esercizio successivo. Nell'esercizio in corso non abbiamo avuto alcuna manifestazione finanziaria (uscita o entrata). Però, arrivati al 31/12 dobbiamo **integrare** la parte di costo o di ricavo di competenza dell'esercizio in corso anche se non abbiamo ancora avuto la manifestazione finanziaria. Se non c'è una uscita o una entrata quale sarà allora la manifestazione da registrare?

Il valore integrato come costo o ricavo viene considerato come un debito o un credito sospeso. Sospeso perché sarà un importo che pagheremo o incasseremo il prossimo esercizio.

Il nome di questo debito o credito sospeso è **Rateo.**

- Se è un Rateo relativo ad un costo (integrazione costo) allora si chiamerà Rateo Passivo (debito sospeso).
- Se è un Rateo relativo ad un ricavo (integrazione ricavo) allora si chiamerà Rateo Attivo (credito sospeso).

Nel caso 5) siamo di fronte a rimanenze di magazzino.

I Ratei e Risconti

Un **Rateo** è un valore finanziario registrato come debito o credito sospeso, relativo ad una quota di costo o ricavo già maturato ma che non ha ancora avuto la sua manifestazione finanziaria (entrata o uscita).

- Il Rateo è **attivo** se riferito ad un ricavo.
- Il Rateo è **passivo** se riferito ad un costo.

Un **Risconto** è un valore economico che ha già avuto la sua manifestazione finanziaria ma che non è ancora completamente maturato (sfruttato).

- Il Risconto è **attivo** se riferito ad un costo.
- Il Risconto è **passivo** se riferito ad un ricavo.

Esempio 1 - Costo pagato nell'esercizio in corso riguardante un servizio che terminerà nel prossimo esercizio (Risconto Attivo)

l'1 settembre paghiamo € 600,00 per una Assicurazione semestrale.

La validità di questa assicurazione copre settembre, ottobre, novembre, dicembre, gennaio, febbraio (6 mesi).

```
        Sett.,Ott.,Nov.,Dic.      Gen.,Feb.
1/9|-------------------------31/12----------------|28/02
Uscita: 600
Costo: 600
```

In data 1/9 dobbiamo registrare in contabilità il costo di €600,00 in quanto abbiamo avuto un'uscita di € 600,00.

	Sezione DARE	Sezione AVERE
Patrimonio	V.F.A.	V.F.P. Banca +Uscite 600,00
Reddito	V.E.N. Assicurazione +Costi 600,00	V.E.P.
	Tot. Colonna 600,00	Tot. Colonna 600,00

Però arrivati al 31/12 vediamo che non tutti i sei mesi fanno parte dell'esercizio in corso; gennaio e febbraio sono dell'esercizio successivo (non di competenza). Pertanto:
- il **periodo di competenza** è di 4 mesi: da settembre a dicembre, vale a dire € 400,00 (600/6 x 4)
- il **periodo di non competenza** è di 2 mesi: da gennaio a febbraio, vale a dire € 200,00 (600/6 x 2)

```
     Competenza          NON Competenza
     4 mesi              2 mesi
1/9|----------------------31/12----------------|28/02
         400,00                  200,00
```

Dobbiamo **togliere dai costi** dell'esercizio in corso i 2 mesi di non competenza.

Non possiamo correggere la registrazione contabile già effettuata in data 1/9. Dobbiamo pertanto scrivere una "contro-registrazione" per abbassare il valore dei costi e portarlo a € 400,00 (Costo d'esercizio).

Calcoliamo i costi di competenza:
Assicurazione +Costi 600,00 (registrato in data 1/9)
Assicurazione -Costi 200,00 (registrato in data 31/12)
= Assicurazione Costo d'esercizio 400,00 (di competenza)

	Sezione DARE	Sezione AVERE
Patrimonio	V.F.A./V.E.N. Risconti Attivi +Costi 200,00	V.F.P./V.E.P.
Reddito	V.E.N.	V.E.P. Assicurazione –Costi 200,00
	Tot. Colonna 200,00	Tot. Colonna 200,00

Il valore di €200,00, registrato come Risconto Attivo, lo inseriamo nel patrimonio dell'anno in corso come "costo sospeso" (V.E.N.). Nell'esercizio successivo lo toglieremo dal Patrimonio per inserirlo nel reddito in quanto rappresenta la quota di assicurazione relativa ai mesi gennaio e febbraio.

Esempio 2 - Ricavo incassato nell'esercizio in corso ma che riguarda un servizio che terminerà nel prossimo esercizio (Risconto Passivo)

l'1 novembre incassiamo € 1.200,00 per un contratto annuale di assistenza e consulenza informatica che dovremo fornire ad un cliente.

```
        Nov, Dic..        Da Gen a Ott.
1/11/16|----------------31/12-----------------------------|31/10/17
Entrata: 1200
Ricavo: 1200
```

In data 1/11 dobbiamo registrare in contabilità un ricavo di € 1.200,00 in quanto abbiamo avuto una entrata di €1.200,00.

Sezione DARE	Sezione AVERE

Patrimonio	**V.F.A.** Banca +Entrate 1.200,00	**V.F.P.**
Reddito	**V.E.N.**	**V.E.P.** Prestazione servizi +Ricavi 1.200,00
	Tot. Colonna 1200,00	Tot. Colonna 1200,00

Nel patrimonio registriamo un aumento di Entrate. Nel reddito un aumento di Ricavi.

Però arrivati al 31/12 vediamo che non tutti i mesi fanno parte dell'esercizio in corso; da gennaio a ottobre sono dell'esercizio successivo (non di competenza).
Il servizio totale ha una durata di 12 mesi. Pertanto:
- il **periodo di competenza è di 2 mesi** (novembre e dicembre), vale a dire € 200,00 (1.200/12 x 2);
- il **periodo di non competenza è di 10 mesi**: da gennaio a ottobre, vale a dire € 1.000,00 (1.200/12 x 10)

```
        Competenza      NON competenza
        2 mesi          10 mesi
1/11/16|----------------31/12---------------------------|31/10/17
            200                1000
```

Dobbiamo **togliere dai ricavi** dell'esercizio in corso i 10 mesi di non competenza (€ 1.000,00).
Per raggiungere questo obiettivo non possiamo andare a correggere la registrazione contabile già effettuata in data 1/11. Scriviamo pertanto una "contro-registrazione" per abbassare il valore dei ricavi e portarlo a € 200,00 (Costo d'esercizio).

	Sezione DARE	**Sezione AVERE**
Patrimonio	**V.F.A./V.E.N.**	**V.F.P./V.E.P.** **Risconti Passivi** **+Ricavi 1.000,00**
Reddito	**V.E.N.** **Prestazione servizi** **-Ricavi 1.000,00**	**V.E.P.**
	Tot. Colonna 1000,00	Tot. Colonna 1000,00

Calcoliamo i ricavi di competenza:
Prestazione servizio +Ricavi 1.200,00
(registrato in data 1/11)
Prestazione servizio -Ricavi 1.000,00
(registrato in data 31/12)
= Prestazione servizio Ricavo d'esercizio 200,00
(di competenza)

Il valore di € 1000,00, registrato come Risconto Passivo, lo inseriamo nel patrimonio dell'anno in corso come "ricavo sospeso" (V.E.P.). Nell'esercizio successivo lo toglieremo dal Patrimonio per inserirlo nel reddito in quanto rappresenta la quota della prestazione servizio relativa ai mesi da gennaio a ottobre.

Esempio 3 – Costo che verrà pagato nell'esercizio successivo (Rateo Passivo).

Il 31 ottobre abbiamo stipulato un contratto di affitto per €900,00 con pagamento trimestrale posticipato (al termine del periodo di contratto).

```
            Nov., Dic.      Gennaio
31/10/16|----------------31/12-----------|31/1/17
                                    Uscita: 900
                                    Costo: 900
```

Il contratto di affitto riguarda i mesi di novembre, dicembre e gennaio.
In data 31 ottobre non abbiamo alcuna manifestazione finanziaria (uscita) e di conseguenza nessuna registrazione di costi. Il pagamento avverrà il 31 gennaio dell'anno successivo. Però, arrivati **al 31/12** dobbiamo registrare nella contabilità dell'esercizio il costo relativo ai mesi nei quali abbiamo sfruttato l'affitto, vale a dire novembre e dicembre. Il valore da registrare è € 600,00 (900/3 x 2) relativo ai 2 mesi di competenza.

Sezione DARE	Sezione AVERE
Patrimonio V.F.A./V.E.N.	V.F.P./V.E.P. Ratei Passivi +Debiti 600,00
Reddito V.E.N. Fitti Passivi +Costi 600,00	V.E.P.
Tot. Colonna 600,00	Tot. Colonna 600,00

Nel patrimonio registriamo un aumento di Debiti (V.F.P.). Nel reddito un aumento di Costi (V.E.N.).

Abbiamo così integrato nell'esercizio € 600,00 di costo relativo ad un affitto che pagheremo il 31 gennaio dell'esercizio n+1. Questo Debito prende il nome di **Rateo passivo**.

Esempio 4 – Ricavo che verrà incassato nell'esercizio successivo (Rateo Attivo).

Il 1 dicembre abbiamo concesso in affitto un nostro locale per 6 mesi al prezzo di € 1.200,00 con pagamento al termine del periodo di contratto.

```
        Dicembre        da Gen a Maggio
1/12/16|---------------31/12-----------------------|30/5/17
                                    Entrata: 1200
                                    Ricavo: 1200
```

Il contratto di affitto riguarda i mesi di dicembre, gennaio, febbraio, marzo, aprile e maggio.

In data 1 dicembre non abbiamo alcuna manifestazione finanziaria (entrata) e di conseguenza nessuna registrazione di ricavi. L'incasso avverrà il 1 giugno dell'esercizio successivo. Però, arrivati al 31/12 dobbiamo registrare nella contabilità dell'esercizio attuale il ricavo relativo al mese in cui il locale è in uso al nostro affittuario, vale a dire il mese di dicembre. Il valore da registrare è €200,00 (1.200/6 x 1).

Sezione DARE	Sezione AVERE

	V.F.A./V.E.N.	V.F.P./V.E.P.
Patrimonio	Rateo Attivi +Crediti 200,00	
Reddito	V.E.N.	V.E.P. Fitti Attivi +Costi 200,00
	Tot. Colonna 200,00	Tot. Colonna 200,00

Nel patrimonio registriamo un aumento di Crediti (V.F.A.)
Nel reddito un aumento di Ricavi (V.E.P.). Abbiamo così
integrato nell'esercizio € 200,00 di ricavo relativo ad un
affitto (per noi attivo) che incasseremo il 1° giugno
dell'esercizio n+1. Questo Credito prende il nome di **Rateo
attivo**.

Le rimanenze di magazzino

Le merci acquistate durante l'esercizio sono un costo e
come tale vengono registrate in un conto dal nome Merci
c/acquisti o Acquisto merci nella sezione DARE (V.E.N.
+Costo).
Al 31/12 ci possiamo trovare di fronte a due casi: 1)
abbiamo venduto tutte le merci acquistate; 2) una parte di
merci è rimasta inutilizzata o invenduta. Nel primo caso
(senza rimanenze) il costo di acquisto merci è tutto di
competenza dell'esercizio in corso. Nel secondo caso
abbiamo una **rimanenza** che verrà utilizzata nel prossimo
esercizio e, pertanto, non è più di competenza
dell'esercizio in corso.
Le rimanenze rappresentano un valore del patrimonio
(costo sospeso) pertanto vengono registrate nelle Attività
(V.E.N. DARE) ma contemporaneamente rappresentano
anche un valore economico di reddito positivo: una
rettifica (storno) del valore di Merci c/acquisti.

Esempio.

Durante l'anno abbiamo acquistato e pagato merci per 160.000. I valori vengono registrati nel Reddito come Acquisto merci (V.E.N. +Costi DARE) e nel Patrimonio come Uscita di denaro (V.F.P. +Uscite AVERE).

Al 31/12 risultano merci a magazzino ancora per un valore di 50.000,00; il valore viene registrato nel Reddito come Rimanenza finale (V.E.P. -Costi AVERE) e al tempo stesso nel Patrimonio (Attività) come costo sospeso (V.E.N. +Costi DARE).

	Sezione DARE	Sezione AVERE
Patrimonio	V.F.A./V.E.N. Merci +Costi 50.000,00	V.F.P./V.E.P. + Uscite 160.000,00
Reddito	V.E.N. Acquisto merci +costi 160.000,00	V.E.P. Rimanenze finali –Costi 50.000,00

Il valore delle merci utilizzato per determinare l'utile o la perdita d'esercizio sarà dato da 160.000,00 (costo di acquisto) – 50.000,00 (rettifica) = 110.000,00. Pertanto il costo di competenza è di 110.000,00.

Nel prossimo esercizio contabile, i restanti 50.000,00 verranno tolti dal Patrimonio (V.E.P -Costi AVERE) e inseriti nel Reddito come **Esistenza iniziale di merci** (V.E.N. +Costi Dare).

	Sezione DARE	Sezione AVERE
Patrimonio	V.F.A./V.E.N. Merci +Costi 50000,00	V.F.P./V.E.P. Merci - Costi 50.000,00
Reddito	V.E.N. Esistenza iniziale +costi 50.000,00	V.E.P.

Il valore riportato nel Patrimonio come Merci +Costi è quello dell'anno precedente. La registrazione del nuovo esercizio è invece quella evidenziata

Cenni su chiusura e riapertura dei conti

Al termine di ogni Esercizio, normalmente al 31/12 di ogni anno, tutti i conti vengono chiusi tramite le scritture di epilogo e chiusura. I valori economici di reddito vengono sommati e fatti confluire in un unico conto denominato **Conto di Risultato Economico**. Nel Conto di Risultato economico troviamo in DARE il totale dei costi d'esercizi e in AVERE il totale dei ricavi d'esercizio. La differenza del totale DARE (costi) e totale AVERE (ricavi) determina **l'Utile d'esercizio** o la **Perdita d'Esercizio**. Utile se i ricavi sono maggiori dei costi, Perdita se i costi sono maggiori dei ricavi. Oltre ai conti di Reddito vengono anche chiusi i conti di Patrimonio per determinare il patrimonio di funzionamento. I valori patrimoniali vengono sommati e fatti confluire in un unico conto denominato **Bilancio di Chiusura**. Nel Bilancio di Chiusura troviamo in DARE il totale Attività e in AVERE il totale della Passività. La differenza tra il totale DARE (Attività) e il totale AVERE (Passività) determina il Patrimonio netto. La variazione che il **Patrimonio netto** ha subito dall'inizio al termine dell'esercizio coincide con l'utile o la perdita d'esercizio.

All'inizio di ogni esercizio, normalmente al 1/1 di ogni anno, vengono riattivati (riaperti) tutti i conti patrimoniali perché come detto all'inizio del manuale lo stato patrimoniale rappresenta tutta la storia dell'azienda. I conti economici di reddito ripartono tutti da zero perché sono relativi ad un solo esercizio.

Conclusioni

Siamo giunti al termine di questo breve ma credo importante percorso; sicuramente senza pretesa di assoluta completezza però abbiamo gettato solide basi per entrare nel mondo della Contabilità Generale e poter approfondire i vari argomenti.

I concetti fondamentali da "tenere sempre con sé" sono:
- Patrimonio (Attivo e Passivo)
- Reddito (Costi e Ricavi)
- Valori finanziari (conti finanziari)
- Valori economici (conti economici)
- Regole sulle variazioni finanziare e variazioni economiche
- La competenza economica per i costi e ricavi a cavallo tra due esercizi

Dovrai sicuramente approfondire quanto appreso fino a questo punto, però con questi concetti fondamentali e con il ragionamento puoi fare qualsiasi registrazione in Partita Doppia!

Gli argomenti che potrai affrontare in futuro sono:
1. le scritture elementari e le contabilità sezionali (prima nota, contabilità di cassa, contabilità con le banche, contabilità delle vendite degli acquisti e dei fornitori, la contabilità di magazzino);
2. contabilità IVA;
3. la registrazione delle fatture;
4. la gestione dei pagamenti e degli incassi
5. la registrazione delle Retribuzioni;
6. le scritture di fine anno: assestamento, integrazione, rettifica, ammortamento, accantonamento TFR, i fondi rischi, la chiusura dei conti e il bilancio;
7. Il bilancio d'esercizio: stato patrimoniale, conto economico, nota integrativa, rendiconto finanziario.

Alcuni contenuti relativi ai punti 2, 3, 4, 5, 6 li trovi in "Partita Doppia: manualetto rapido".

Grazie e buona continuazione...

NOTE BIOGRAFICHE AUTORE

Marco Castella, Tecnico della Gestione Aziendale con specializzazione in Automazione d'ufficio Contabilità, Bilancio e Controllo.
Dal 1998 free lance nel settore consulenza e formazione informatica applicata alle attività d'ufficio. Formatore professionista AIF n. 572.

www.marcocastella.it

Altre pubblicazioni:

https://www.amazon.it/dp/B00HGWOJJ8

https://www.amazon.it/dp/B0180W7FT8